Compreensão e Colaboração entre Religiões

Mensagem de

Sri Mata Amritanandamayi

Mata Amritanandamayi Center, San Ramon
Califórnia, Estados Unidos

Compreensão e Colaboração entre Religiões
Sri Mata Amritanandamayi
Tradução por Swami Amritaswarupananda Puri

Publicado por:
Mata Amritanandamayi Center
P.O. Box 613
San Ramon, CA 94583
Estados Unidos

---------- *Understanding and Collaboration between Religions (Portuguese)* ----------

Copyright © 2007 Mata Amritanandamayi Mission Trust, Amritapuri, Kollam, Kerala 690546, Índia

Todos os direitos reservados. Nenhuma parte desta publicação poderá ser transmitida, reproduzida, transcrita ou traduzida em qualquer língua, em qualquer formato, de qualquer maneira sem autorização prévia e escrita do responsável pela publicação.

Primeira edição em português por MA Centro: abril 2016

No Brasil: www.ammabrasil.org
Em Portugal: www.ammaportugal.org
Em Índia:
    inform@amritapuri.org
    www.amritapuri.org

Introdução

No dia 2 de maio de 2006, Amma proferiu a mensagem "Compreensão e Colaboração entre Religiões" no Museu de Arte Rubin, Distrito de Chelsea, em Manhattan, como parte da 4ª Cerimônia de Premiação Anual Inter-Religiões James Parks Morton, no Centro de Inter-Religiões de Nova Iorque.

O Centro de Inter-Religiões de Nova Iorque (ou ICNY, sigla em inglês para *Interfaith Center of New York*) concedeu seu prêmio de 2006 para Amma, em reconhecimento ao seu extraordinário trabalho em promover "a compreensão e o respeito entre diferentes religiões" – diretriz básica do ICNY. "A vida da Amma é dedicada à aceitação", disse Donald Rubin, fundador do Museu Rubin, ao apresentar Amma na cerimônia de entrega do prêmio. "Ao alcançar e aceitar todos os seres humanos pelo ato físico do abraço, ela transcende todas as religiões e divisões políticas. A aceitação e o amor criados pelo ato de abraçar é a cura que todos nós precisamos. É a cura que nossas mães nos deram quando fomos crianças. É a cura que Amma tem dado ao mundo."

O ICNY ficou particularmente impressionado com o massivo trabalho assistencial realizado pelo Ashram da Amma após o tsunami ocorrido na Ásia em 2004 e também interessado em ouvir o entendimento que Amma tem a respeito da compreensão e colaboração inter-religiões no despertar desta experiência.

"Quando calamidades naturais acontecem, os corações das pessoas se abrem, transcendendo pensamentos sobre castas, religião ou política", disse Amma em seu discurso. "Ainda assim, a atitude compassiva e livre de julgamento expressada nestas situações vem e vão tão rápido quanto a luz de um relâmpago. Se, no entanto, conseguirmos manter essa chama de compaixão brilhando em nosso interior, será possível dissipar a escuridão que existe ao nosso redor."

Ainda que Amma tenha discursado em sua língua nativa, o malaiala, todos os presentes puderam escutar a tradução simultânea em inglês. As palavras de Amma não eram teorias de um estudioso. Elas estavam imersas em sua iluminação e experiência pessoal, por isso carregadas de

Introdução

uma densidade que provocou um impacto visível em todos os participantes do evento.

Mesmo reconhecendo a necessidade da religião, Amma constantemente ressaltava aos praticantes religiosos a importância de se penetrar naquilo que consiste como o núcleo de todas as fés. "Assim como uma pessoa chupa o suco da cana-de-açúcar e cospe o bagaço, os líderes religiosos deveriam encorajar seus seguidores a absorver a essência da religião, que é a espiritualidade, ao invés de dar tanta importância aos seus aspectos externos. Infelizmente, hoje muitos estão comendo o bagaço e cuspindo a essência", disse Amma.

Amma também lamentou o fato de que enquanto santos e sábios dão importância aos valores espirituais, seus seguidores geralmente acabam focando na institucionalização. Amma afirmou: "Como resultado, as mesmas religiões que tinham o objetivo de espalhar paz e tranqüilidade, agregando pessoas na guirlanda do amor, atualmente são a causa de guerras e conflitos. Por causa de nossa ignorância e perspectiva limitada, nós estamos confinando grandes almas nas prisões da religião. Em nome da religião, estamos nos trancafiando nas prisões do ego, inflando-o e brigando uns com os outros. Se isso continuar, compreensão e colaboração continuarão sendo eternamente uma miragem".

Em sua conclusão, Amma disse que a solução para quase todos os problemas que o mundo enfrenta atualmente pode ser resumida em uma palavra: compaixão. E ressaltou a importância dos membros de todas as religiões servirem aos pobres e sofridos. "Ajudar os necessitados é a prece verdadeira", concluiu Amma. "Sem compaixão, todos os esforços serão em vão."

Quando Amma finalizou seu discurso, o hall do Museu de Arte Rubin se encheu de aplausos. Em seguida, todos os presentes se aproximaram para receber individualmente o abraço amoroso de Amma, incluindo os outros homenageados da premiação.

Swami Amritaswarupananda Puri
Vice Chairman
Mata Amritanandamayi Math

Outros cinco homenageados junto à Amma: Dr. Mohammed Elbaradei, Prêmio Nobel da Paz de 2005 e diretor geral da Agência Internacional de Energia Atômica;
Stephen G. Breyer, juiz da Suprema Corte dos EUA; o renomado ator americano Richard Gere, por seu trabalho como diretor da Reconciliação da Divisa Tibetana e chairman do Board da Campanha Internacional pelo Tibet;
Imam Feisal Abdul Rauf, o Iman de Masjid Al-Farah, e Daisy Khan, diretora executiva da Sociedade Americana pelo Avanço Muçulmano.
A lista de homenageados nas edições passadas do Prêmio Inter-Religiões inclui três ganhadores do Prêmio Nobel da Paz, como Sua Santidade o Dalai Lama, o arcebispo Desmond Tutu e Shirin Ebadi, além do ex-presidente dos EUA Bill Clinton

Compreensão e Colaboração entre Religiões

Discurso de Sri Mata Amritanandamayi
no Centro de Inter-Religiões de Nova Iorque
Museu de Arte Rubin
2 de Maio de 2006, Cidade de Nova Iorque

Compreensão e Colaboração entre Religiões

Eu prostro-me a todos aqui presentes, que personificam o Amor Puro e a Consciência Divina.

Inicialmente eu gostaria de expressar minhas saudações ao Centro de Inter-Religiões de Nova Iorque. Que esta organização consiga acender a luz do amor e da paz em milhares e milhares de corações, sob a liderança do Excelentíssimo Reverendo James Parks Morton. O Centro de Inter-Religiões merece elogios especiais por suas dedicadas ações prestadas na recente tragédia de 11 de setembro, que custou vidas de milhares de pessoas, incluindo crianças inocentes. Deixem-me aproveitar esta oportunidade para expressar a felicidade que sinto em meu coração pelo acontecimento desta conferência e também pela fé que vocês depositaram em mim.

Na verdade, é somente por causa da abnegação e do sacrifício de milhares de devotos ao redor do mundo que Amma tem conseguido oferecer algum serviço à sociedade. Na realidade, este prêmio e reconhecimento vão para eles. Eu sou apenas um instrumento.

O tema do discurso de hoje, "Compreensão e Colaboração entre Religiões", tem sido discutido em milhares de fóruns ao redor do mundo. E enquanto tais discussões - e trabalhos de organizações como esta - têm reunido as religiões de alguma maneira, o medo e a ansiedade em relação ao mundo e ao seu futuro continuam afligindo nossas mentes.

Para mudar esta situação, precisamos de mais compreensão e colaboração entre as religiões. Tanto os líderes espirituais como os chefes de Estado declaram firmemente este ponto em reuniões como esta. Mas frequentemente somos incapazes de demonstrar a mesma firmeza na ação como fazemos na palavra. Compartilhamos muitas idéias nessas reuniões, mas quando tentamos implementá-las somos incapazes de realizá-las devido à influência de várias pressões. Uma reunião sem o coração aberto é como um pára-quedas que falha ao se abrir.

Toda religião possui dois aspectos: um diz respeito aos seus ensinamentos filosóficos explicados nos textos espirituais, o outro é a espiritualidade. O primeiro é a concha externa da religião e o segundo, a espiritualidade, é sua essência interior. Espiritualidade é o despertar para a verdadeira

Discurso principal por Sri Mata Amritanandamayi

natureza do Ser. Aqueles que se esforçam em conhecer seu verdadeiro Ser são os devotos sinceros. Em qualquer religião se os princípios espirituais forem compreendidos, o objetivo maior será alcançado: a realização da natureza legítima do Ser (se uma garrafa contém mel, a cor da garrafa é irrelevante). Mas ao contrário, se falharmos em absorver os princípios espirituais, a religião será nada mais do que fé cega, nos algemando.

O propósito da religião é transformar nossas mentes. Para que isso ocorra, é necessário absorver espiritualidade, que é a essência interior da religião. A unidade de corações é o que gera a unidade religiosa. Se nossos corações falham ao tentar se unir, ao invés de estarmos juntos como num time, seremos impelidos à separação e nossos esforços serão fragmentados.

A religião aponta o caminho como uma placa de estrada. A meta é a experiência espiritual.

Por exemplo: uma pessoa aponta o dedo para uma árvore e diz "Olhe aquela árvore. Está vendo a fruta pendurada no galho? Se você comê-la, vai conquistar a imortalidade!". O que devemos fazer então é subir na árvore, pegar a fruta e comê-la. Se, no entanto, ficarmos segurando o dedo da pessoa, nós nunca iremos degustar a fruta. Isso é como se apegar às palavras das escrituras ao invés de compreender os princípios espirituais que elas apontam.

Assim como uma pessoa chupa o caldo da cana e cospe o bagaço, os líderes religiosos deveriam encorajar seus seguidores a buscar a essência da religião, que é a espiritualidade, ao invés de dar tanta importância aos aspectos exteriores. Infelizmente, hoje muitos estão comendo o bagaço e cuspindo a essência.

O poder da religião reside na espiritualidade. Espiritualidade é o cimento que fortifica o edifício da sociedade. Praticar a religião e viver a vida sem assimilar a espiritualidade é como construir uma torre empilhando os tijolos sem usar cimento. Ela desmoronará facilmente. Fé religiosa sem espiritualidade não tem vida. É como uma parte do corpo que não recebe o fluxo sanguíneo.

Energia atômica pode ser usada tanto para criar como para destruir. Podemos usá-la para gerar eletricidade em benefício do mundo. Podemos também produzir uma bomba atômica para destruir tudo. A escolha é nossa. Absorver o aspecto espiritual da religião é como gerar eletricidade do átomo, sendo que a religião destituída de perspectiva espiritual levará a um perigo mortal.

Até mesmo nos tempos antigos, o sistema de castas e outras divisões sócio-religiosas existiram em várias culturas. Antigamente, tais divisões eram abertas para quem quisesse ver. Hoje em dia é o contrário: falamos como se estivéssemos extremamente conscientes da importância da unidade e da igualdade religiosa, mas em nosso interior ódio e desejo de vingança continuam vingando. No passado, os problemas eram predominantemente no nível grosseiro, mas agora eles estão no nível sutil e, por esta razão, estão mais poderosos e difusos.

Amma lembra-se de uma história. Havia um criminoso conhecido em uma cidade. Todos os dias, às 19 horas, ele parava numa esquina específica da região para abordar e insultar as mulheres e moças que passavam por ali. Por medo, nenhuma mulher cruzava aquele caminho após o entardecer. Elas se escondiam atrás das portas fechadas de suas casas. Assim, muitos anos se passaram, até que um dia o criminoso repentinamente morreu. Entretanto, mesmo após a sua morte, as mulheres daquela área permaneciam dentro de casa após o pôr-do-sol. Perplexas, algumas pessoas perguntavam por que ninguém saía para as ruas. As mulheres respondiam: "Quando

Discurso principal por Sri Mata Amritanandamayi

ele estava vivo, nós podíamos vê-lo com nossos próprios olhos. Nós sabíamos quando e onde ele ficava. Mas, agora, seu fantasma pode nos atacar em qualquer lugar e a qualquer hora! Estando sutil, ele é mais poderoso e difuso". Similarmente, é o caso das divisões sócio-religiosas de hoje.

Na verdade, religião é uma limitação criada por humanos. Ao nascer, não temos nenhum condicionamento ou limitação com relação à religião ou à língua. Elas são ensinadas e vão condicionando-nos ao longo do tempo. Assim como uma pequena planta precisa de um gradil, este condicionamento é necessário até certo ponto. Uma vez que a semente se transforma numa árvore, ela transcende o gradil. Do mesmo modo, devemos ser capazes de ir além do nosso condicionamento religioso e nos tornar "incondicionais".

Três coisas tornam o ser um humano: 1. o desejo intenso de conhecer o significado e a profundidade da vida através do pensamento discriminativo; 2. a habilidade milagrosa de gerar amor; 3. o poder de ser alegre e dar alegria aos outros.

A religião deveria ajudar as pessoas a compreender estas três qualidades. Somente então religião e humanos irão se tornar completos.

Compreensão e Colaboração entre Religiões

Enquanto grande almas dão importância aos valores espirituais, seus seguidores normalmente têm como foco as instituições e organizações. Como resultado, as mesmas religiões - que deveriam espalhar paz e tranqüilidade ao unir as pessoas numa guirlanda de amor - tornaram-se a causa de guerras e conflitos.

Por causa de nossa ignorância e perspectiva limitada, estamos confinando grandes almas nas prisões da religião. Em nome da religião, estamos nos trancafiando nas prisões do ego, inflando-o e brigando uns com os outros. Se isso continuar, compreensão e colaboração continuarão sendo eternamente uma miragem.

Certa vez, dois homens tentavam subir uma ladeira sobre uma bicicleta de dois assentos. Ainda que se esforçassem até seus limites, eles percorriam apenas uma pequena distância. Num determinado ponto, já exaustos, desceram da bicicleta para descansar. Sem fôlego e coberto de suor, o homem que montava na frente disse: "Que ladeira! Não importa o quanto nós pedalamos, não chegamos a lugar algum. Estou exausto e minhas costas estão me *matando*!" Ouvindo isso, o homem que ia atrás disse: "Escuta, meu amigo, você acha que você está cansado?! Se eu não tivesse apertado o freio o tempo todo, nós teríamos deslizado ladeira abaixo!"

Consciente ou inconscientemente, isso é exatamente o que estamos fazendo hoje em dia em nome da compreensão e da colaboração mútua: não abrimos nossos corações devido às desconfianças intrínsecas que temos uns pelos outros.

Na verdade, os princípios de amor, compaixão e unidade são as bases de todos os ensinamentos religiosos.

O cristianismo diz: "Ame seu vizinho como a si mesmo." O hinduísmo diz: "Devemos rezar para que outros tenham o que queremos para nós mesmos." O islamismo diz: "Se o jumento do seu inimigo ficar doente, você deve cuidar dele." O judaísmo diz: "Odiar seu vizinho é o mesmo que odiar a si mesmo." Ainda que expresso de diversas maneiras, o princípio colocado aqui é o mesmo. O importante em todas estas citações é: sendo todos a mesma Alma - ou Atman - e residindo em todas as coisas, devemos ver e servir a todos como a um Único Ser. O intelecto distorcido das pessoas é que as fazem interpretar estes princípios de maneira limitada.

Amma lembra-se de uma história. Certa vez, um renomado artista pintou a figura de uma jovem encantadora. Qualquer um que visse a pintura se apaixonava por ela. Alguns perguntavam ao pintor se a mulher era sua amada. Quando ele dizia que não, cada um deles insistia incessantemente para casar-se com a moça, não permitindo que mais ninguém o fizesse.

Eles ordenavam: "Queremos saber onde podemos encontrar esta linda mulher".

O pintor dizia: "Desculpem-me, mas na verdade, eu nunca a vi. Ela não tem nacionalidade, religião ou língua. Aquilo que vocês vêem nela não é a beleza de um indivíduo. Eu simplesmente dei olhos, nariz e uma forma para a beleza que eu guardo dentro de mim".

Mas nenhum dos homens acreditava nas palavras do artista. Eles o acusavam bravamente, dizendo: "Você está mentindo para nós. Você a quer só para si mesmo!"

O pintor calmamente lhes dizia: "Por favor, não vejam esta pintura no aspecto superficial. Mesmo que procurem por todo o mundo, vocês não irão encontrá-la, ainda que ela seja a quintessência de toda a beleza."

Entretanto, ignorando as palavras do pintor, aqueles homens continuavam fascinados com a imagem e a pintura. Desejando intensamente

Discurso principal por Sri Mata Amritanandamayi

possuir a jovem mulher, eles disputaram, brigaram uns com os outros e, finalmente, desistiram.

Nós também agimos desta forma. Atualmente, procuramos por um Deus que reside somente em figuras e escrituras. Nesta busca, perdemos nossa direção.

As escrituras dizem que cada um de nós vê o mundo através de óculos coloridos. Vemos no mundo aquilo que projetamos. Se observarmos com olhos de ódio e vingança, o mundo aparecerá exatamente desta maneira para nós. Mas se o observarmos com olhar de amor e compaixão, veremos somente a beleza de Deus em todos os lugares.

Amma ouviu falar sobre um experimento que está sendo conduzido com o objetivo de determinar se o mundo é realmente como percebemos. Os pesquisadores deram a um jovem rapaz um par de óculos que distorcia sua visão. Eles o instruíram a usar os óculos continuamente por sete dias. Nos três primeiros dias, o rapaz ficou bastante agitado e sua percepção de tudo era muito perturbadora. Mas após este período, seus olhos ficaram totalmente adaptados aos óculos e a dor e o desconforto desapareceram completamente.

O mundo, que inicialmente parecia estranho e distorcido, mais tarde já era normal para ele.

Da mesma maneira, cada um de nós está usando um tipo diferente de óculos. É através destes óculos que vemos o mundo e a religião. Reagimos de acordo com esta visão. E por causa disso, nós geralmente não somos capazes de enxergar as pessoas como seres humanos.

Amma lembra uma experiência que um líder religioso compartilhou com ela há muitos anos. Ele compareceu a uma cerimônia num hospital em Hyderabad, na Índia. Ao sair do carro, enquanto andava em direção ao hospital, ele observou várias mulheres alinhadas em ambos os lados do caminho para recebê-lo com lamparinas de óleo e arroz cru, no tradicional estilo indiano. Quando o líder religioso passou entre as mulheres, elas molharam o arroz no óleo e arremessaram em seu rosto. Enquanto lembrava do ocorrido, ele disse a Amma: "Longe de ser uma recepção calorosa, fui recebido com raiva e oposição. Eu gesticulava para elas pararem, cobrindo meu rosto com as mãos e, mesmo assim, elas não pararam".

Mais tarde, ele perguntou ao dono do hospital se aquelas mulheres alinhadas para recebê-lo acreditavam em Deus. Ele disse que elas eram

Discurso principal por Sri Mata Amritanandamayi

religiosas e faziam parte da equipe do hospital. O líder contestou: "Eu não acho, pois senti muita raiva e sentimento de vingança no comportamento delas".

Suspeitando de algo estranho, o dono do hospital enviou alguém para investigar o incidente. E descobriu que as pessoas que receberam o líder religioso estavam reunidas numa sala, sorrindo, enquanto uma delas dizia em alto e bom som: "Eu ensinei uma boa lição àquele demônio!"

Na verdade, a equipe do hospital pertencia a uma religião diferente. Como seu chefe havia lhes ordenado, as funcionárias não tiveram escolha senão recepcionar o convidado. Mas elas não tinham nenhuma compreensão da verdadeira religião ou cultura espiritual. Suas mentes tinham a percepção de que pessoas com uma fé diferente das suas não eram humanas, mas sim demônios.

Há dois tipos de ego. Um é o ego do poder e do dinheiro. Mas o outro é ainda mais destrutivo. Este é o ego que sente: "Somente minha religião e meu ponto de vista são corretos. Todos os outros estão errados e são desnecessários. Eu não vou tolerar mais nada". Isso é o mesmo que dizer: "Minha mãe é boa, a sua é uma prostituta!" Este tipo de pensamento e conduta são a causa de todos os atritos religiosos. A menos que erradiquemos esses dois tipos de ego, será difícil trazermos paz ao mundo.

Pré-disposição para ouvir aos outros, habilidade de entendê-los e abertura da mente para aceitar até mesmo aqueles que discordam de nós: estes são os sinais da verdadeira cultura espiritual. Infelizmente, estas são exatamente as qualidades que faltam ao mundo atualmente.

No entanto, quando calamidades naturais acontecem, os corações das pessoas se abrem, transcendendo os pensamentos de casta, religião e política. Quando o tsunami atingiu o sul da Ásia, todas as barreiras de religião e nacionalidade desapareceram. Todos os corações sofreram por compaixão pelas vítimas. Todos os olhos derramaram lágrimas com elas. E todas as mãos se estenderam para enxugar estas lágrimas e oferecer ajuda às pessoas.

Foram incontáveis as ocasiões em que meu coração e minha alma se preencheram, ao ver ateus ao lado de pessoas de diversos partidos políticos e religiões trabalhando dia e noite junto com os residentes do nosso *ashram* (mosteiro), num espírito de auto-sacrifício. Ainda assim, a atitude compassiva e livre de julgamento que as pessoas expressam em situações como estas aparecem e somem tão rápido quanto a luz de um relâmpago. Se, no entanto, conseguirmos manter a chama da compaixão brilhando dentro de nós, será possível dissipar a escuridão ao nosso redor. Desta forma, que o pingo de compaixão que existe em nosso interior possa crescer numa corrente torrencial. Que possamos transformar esta fagulha de amor num resplendor brilhante como o sol. Isso criará um céu na Terra. A capacidade de realizar este fenômeno reside no interior de cada um de nós. É nosso direito de nascimento e nossa verdadeira natureza.

Independentemente de sua cor, se enchermos um balão de hélio ele subirá em direção ao céu. Da mesma maneira, pessoas de todas as religiões podem elevar-se a grandes alturas se elas preencherem seus corações de amor.

Amma lembra-se de uma história. Certa vez, as cores do mundo se reuniram. Cada uma delas clamava: "Eu sou a cor mais querida e importante!" A conversa culminou numa disputa.

O verde declarou com orgulho: "De fato, eu sou a cor mais importante. Sou o sinal da vida. Árvores, videiras, toda a natureza tem a minha cor. Preciso dizer mais alguma coisa?"

Discurso principal por Sri Mata Amritanandamayi

O azul interrompeu, dizendo: "Chega! Pare com sua tagarelice! Você só está falando sobre a Terra. Você não vê o céu e o oceano? Eles são todos azuis. E a água é o substrato da vida. Saudações a mim, a cor do infinito e do amor".

Ouvindo isso, o vermelho bradou: "Já é o suficiente! Calem-se todos! Eu sou o senhor de todos vocês, eu sou o sangue. Sou a cor do valor e da coragem. Sem mim, não há vida".

Em meio a esta gritaria, o branco calmamente falou: "Todos vocês colocaram seus pontos. Agora, tenho somente uma coisa a dizer: não se esqueçam da verdade, eu sou o substrato de todas as cores".

No entanto, muitas outras cores começaram a falar, todas exaltando sua grandiosidade e supremacia umas sobre as outras. Gradativamente, o que começou como uma mera troca de palavras acabou numa batalha verbal. As cores estavam até dispostas a se destruírem.

De repente o céu escureceu. Houve trovões e relâmpagos, seguidos de uma forte tempestade. O nível da água subiu rapidamente. Árvores tiveram suas raízes arrancadas do solo e toda a natureza entrou em colapso.

Tremendo de medo, as cores choravam por socorro: "Salvem-nos! Salvem-nos!" Neste momento, elas ouviram uma voz vinda dos céus: "Vocês!! Onde estão seu ego e falso orgulho agora? Vocês estavam brigando tolamente por supremacia e agora estão tremendo de medo, incapazes até de proteger suas próprias vidas. Tudo o que vocês clamavam como seu, pode desaparecer num instante. Vocês devem entender uma coisa: apesar de diferentes, cada uma de vocês está além da comparação. Deus criou cada uma de vocês por uma razão diferente. Para se salvarem, vocês devem dar as mãos e formar uma unidade. Se ficarem juntas em uma unidade, vocês irão se elevar, estendendo-se através do céu. Estando lado-a-lado harmoniosamente, vocês poderão se tornar um arco-íris com sete cores, num símbolo de paz e beleza e sinal da esperança do amanhã. Nesta altura, todas as diferenças desaparecerão e vocês poderão ver tudo como apenas um. Que a unidade e a harmonia entre vocês sirvam de inspiração para todos".

Ao olharmos para um primoroso arco-íris, que possamos nos sentir trabalhando juntos num time, com compreensão mútua e sentimento de apreciação.

Discurso principal por Sri Mata Amritanandamayi

Religiões são flores arrumadas para reverenciar a Deus. Que lindo seria se elas estivessem juntas! Assim poderiam espalhar a fragrância da paz pelo mundo inteiro.

Líderes religiosos deveriam tomar a frente ao cantar a música da paz, da unidade universal e do amor. Eles deveriam se tornar espelhos para o mundo. O espelho é limpo não em causa própria, mas sim para quem se olhar nele poder limpar melhor sua própria face. Emissários religiosos devem se tornar modelos exemplares. O exemplo que líderes religiosos passarem determinará a pureza das ações e dos pensamentos de seus seguidores. Somente quando pessoas de mente nobre praticarem ideais religiosos é que seus seguidores irão absorver o mesmo espírito e se sentir inspirados a agir nobremente.

De certa maneira, todos deveriam se tornar modelos de ação, porque alguém sempre nos tomará como exemplo. É nosso dever considerar aqueles que nos têm como exemplo. Num mundo de ações exemplares, não haverá guerras nem armas. Elas serão reduzidas a nada mais que um sonho ruim que tivemos há muito, muito tempo. Armas e munição se tornarão artefatos guardados em algum museu, como símbolos do nosso passado, quando os humanos erraram no caminho rumo ao seu objetivo.

Nosso erro é que nos iludimos pelos aspectos superficiais da religião. Vamos corrigir este erro. Juntos, vamos entender o coração da religião: amor universal e pureza de coração, visualizando unidade em todos os lugares. Vivemos numa era em que o mundo está reduzido a um vilarejo global. Não precisamos de mera tolerância, mas sim de profunda compreensão mútua. Deveríamos eliminar o desentendimento e a desconfiança. Vamos nos despedir da era sombria da rivalidade e marcar o início de um novo tempo de criatividade e cooperação inter-religiosa. Acabamos de entrar no terceiro milênio. Que as futuras gerações o chamem de "o milênio da amizade e da cooperação religiosa".

Amma gostaria de propor algumas sugestões para a consideração de todos:

1) Uma simples palavra pode ser a solução da maioria dos problemas que o mundo enfrenta atualmente: compaixão. A essência de todas as religiões está em sermos compassivos uns com os outros. Líderes religiosos deveriam enaltecer a importância da compaixão através do exemplo de suas próprias vidas. Nada é mais escasso no

mundo atual do que atuações exemplares. Líderes religiosos deveriam preencher este vazio.

2) Devido à nossa exploração da natureza e total falta de atenção, a poluição está destruindo o planeta. Líderes religiosos devem conduzir campanhas que chamem a atenção para a importância da proteção ambiental.

3) Podemos ser incapazes de impedir calamidades naturais. E como seres humanos não têm controle sobre seus egos, talvez não seja possível prevenir totalmente as guerras e outros conflitos. Mas se tomarmos uma firme decisão, certamente poderemos erradicar a fome e a pobreza. Todos os líderes religiosos deveriam se esforçar ao máximo para atingir esta meta.

4) A fim de promover a compreensão inter-religiosa, todas as religiões deveriam iniciar centros de aprendizado onde outras religiões seriam estudadas profundamente. Isto seria feito com uma visão expansiva e não com motivações ocultas.

5) Assim como o sol não necessita da luz de uma vela, Deus não precisa de nada vindo de nós. Ajuda aos pobres e necessitados é a prece verdadeira. Sem compaixão, todos os nossos esforços serão em vão, assim como despejar leite numa

jarra suja. Todas as religiões deveriam enfatizar a importância de servir compassivamente aos pobres e necessitados.

Rezemos e trabalhemos unidos para criarmos um amanhã de alegria, livre de conflitos, onde religiões trabalhem juntas em felicidade, paz e amor.

Que a árvore de nossas vidas esteja firmemente
enraizada no solo do amor.
Que as folhas desta árvore
sejam as boas obras.
Que palavras de bondade formem suas flores.
Que a paz seja seu fruto.
Cresçamos e desabrochemos como uma família
única, unida em amor, para que gozemos e
celebremos nossa unidade, num mundo onde paz e
contentamento prevaleçam.

www.ingramcontent.com/pod-product-compliance
Lightning Source LLC
Chambersburg PA
CBHW070049070426
42449CB00012BA/3204